Inhalt

Konzernlagebericht - Konkretisierungen und Ergänzungen durch neuen Standardentwurf

Kernthesen

Beitrag

Fallbeispiele

Weiterführende Literatur

Impressum

GENIOS WirtschaftsWissen Nr. 05 vom 04.05.2012

Konzernlagebericht - Konkretisierungen und Ergänzungen durch neuen Standardentwurf

Annett Kaindl

Kernthesen

- Die Bedeutung des Lageberichts hat in den letzten Jahren insbesondere für institutionelle Investoren erheblich zugenommen.
- Häufig sind die Informationen im Lagebericht für den Kapitalmarkt wesentlich zur Bewertung und Einschätzung eines Unternehmens.
- Allerdings erfüllt die aktuelle Berichterstattungspraxis in vielen Fällen nicht die Erwartungen.

Beitrag

Die wichtigsten geplanten Änderungen im Überblick

Der Deutsche Standardisierungsrat (DSR) hat am 14.12.2011 einen Entwurf zur Neufassung des Standards zum Konzernlagebericht veröffentlicht (E-DRS 27 Konzernlagebericht). Mit diesem neuen Deutschen Rechnungslegungs Standard (DRS) beabsichtigt der DSR, die Regelungen zur Konzernlageberichterstattung inhaltlich zu konkretisieren und zu aktualisieren sowie um weitere Berichtselemente zu ergänzen. (2)

Zu den wesentlichen Änderungen gehören, dass der neue Standard die bisherigen Standards zum Lagebericht (DRS 15) sowie den bisherigen Standard zur Risikoberichterstattung (DRS 5) zusammenfasst und aktualisiert. Die bisher in separaten Standards enthaltenen besonderen branchenspezifischen Anforderungen an Kreditinstitute und Versicherungsunternehmen sind nunmehr in einer Anlage zum einheitlichen Standard dargestellt. (1), (2)

Außerdem sollen kapitalmarktorientierte Unternehmen zu einer Berichterstattung über die aus Unternehmenssicht wichtigsten strategischen Ziele und die zu ihrer Erreichung verfolgten Strategien verpflichtet werden. (2)

Schließlich beabsichtigt der DSR, mit dem E-DRS 27 klare Regelungen für die Prognoseberichterstattung im Lagebericht zu schaffen. (1)

Aktuelle Anforderungen an die Prognoseberichterstattung

Entsprechend den aktuellen gesetzlichen Regelungen im HGB zur Prognoseberichterstattung ist im Konzernlagebericht die voraussichtliche Entwicklung des Unternehmens mit den wesentlichen Chancen und Risiken zu beurteilen und zu erläutern. Momentan beträgt der Prognosehorizont mindestens zwei Jahre ab dem Konzernabschlussstichtag. Neben dem Prognosehorizont ist die Qualität einer Prognose insbesondere durch ihren Detaillierungsgrad gekennzeichnet. Allerdings darf in Zeiten außergewöhnlich hoher Unsicherheit von konkreten Aussagen zur künftigen wirtschaftlichen Entwicklung des Konzerns abgesehen werden. Diese recht vage Formulierung eröffnet dem Management einen weiten Einschätzungsspielraum, was im Detail unter "außergewöhnlicher Unsicherheit" und "weniger konkrete Aussagen" zu verstehen ist. (1)

Neue Anforderungen an die Prognoseberichterstattung

Der E-DRS 27 soll im Bereich der Prognoseberichterstattung bisherige Kritikpunkte insbesondere durch das Setzen von Mindeststandards und die Einführung von erläuternden Beispielen aus der Welt schaffen. (1)

Ausgelöst durch die vor allem im Rahmen der Wirtschaftskrise intensiv geführten Diskussion zum Umfang des Prognoseberichts, sieht der Entwurf vor, den Mindestzeitraum für die Prognoseberichterstattung von zwei Jahren auf ein Jahr zu verkürzen. (1), (2)

Zudem werden erstmals Aussagen zu Richtung (zum Beispiel steigen, fallen) und Intensität (zum Beispiel stark, geringfügig, leicht) der erwarteten Entwicklung verlangt. Rein komparative und qualitative Prognosen erfüllen diese Anforderung gemäß dem Entwurf nicht, da sich hier dem Adressaten die Intensität der Entwicklung nicht erschließt.

Außerdem sind im Entwurf die Regelungen zu Prognosen bei Unsicherheit konkretisiert worden. Rein komparative Prognosen oder die Darstellung von verschiedenen Zukunftsszenarien unter Angabe ihrer jeweiligen Annahmen sind unter gewissen Voraussetzungen zulässig. Davon darf nur Gebrauch gemacht werden, wenn besondere Umstände in Zeiten außergewöhnlich hoher Unsicherheit die Prognosefähigkeit des Unternehmens wesentlich beeinträchtigen.

Im E-DRS 27 wird eine Konkretisierung des Charakters von externen Prognosen und deren Einstufung innerhalb des Prognoseberichts vorgenommen. Demnach sind externe Prognosen wesentliche Annahmen für die unternehmensbezogenen Prognosen. Eine Darstellung von externen Prognosen darf nur insoweit erfolgen, als diese für das Verständnis von unternehmensbezogenen Prognosen von Bedeutung sind. Externe Prognosen dürfen nicht den Blick auf unternehmensbezogene Prognosen beeinträchtigen. (1)

Grundsatz der Informationsabstufung

Der Entwurf enthält folgende Klarstellung: Der Umfang der geforderten Berichterstattung im Lagebericht muss sich an den spezifischen Gegebenheiten des Konzerns orientieren. Der Konzernlagebericht muss immer alle wesentlichen Informationen enthalten. An den Umfang und den Detaillierungsgrad der Berichterstattung bei diversifizierten, großen oder kapitalmarktorientierten Konzernen werden höhere Anforderungen gestellt als an wenig diversifizierte, kleine oder nicht kapitalmarktorientierte Konzerne. (4)

Neue Regelungen könnten Fehlerquote reduzieren

Die Deutsche Prüfstelle für Rechnungslegung (DPR) hat in den vergangenen Jahren mehrfach dargelegt, dass eine bedeutende Quelle für wesentliche Fehler in den Bereichen des Lageberichts bei der Prognoseberichterstattung und der Risikoberichterstattung liegt. Würde beim Lagebericht die Qualität der Berichterstattung gesteigert werden, so hätte dies zwei wesentliche Vorteile: Erstens würde dies zu einer Verbesserung der Transparenz in der Kapitalmarktkommunikation führen. Zweitens könnte die hohe Fehlerquote bei den durch die DPR durchgeführten Prüfungen "relativ leicht" verringert werden, da sich Fehler im Lagebericht vergleichsweise einfach vermeiden lassen. (3)

Kritik am neuen Standardentwurf

Weiterhin ungeklärt bleibt der entscheidende Punkt,

wann der Zustand außergewöhnlich hoher Unsicherheit erreicht ist und wann eine wesentliche Beeinträchtigung der Prognosefähigkeit des Unternehmens vorliegt. Aufgrund der recht vagen Formulierungen auch im E-DRS 27 verbleibt der Unternehmensleitung weiterhin ein zu großer Einschätzungsspielraum, was sich in der Tendenz negativ auf die Prognosequalität auswirken wird. Aufgrund der Bedeutung dieser Begriffe für die Ausgestaltung des Prognoseberichts ist eine Konkretisierung zwingend notwendig.

Die Möglichkeit der Darstellung einer nicht begrenzten Anzahl verschiedener Zukunftsszenarien ist kritisch zu sehen. Hieraus resultiert die Gefahr, dass im Lagebericht eine Vielzahl an Szenarien dargestellt wird und dass sich die teilweise bereits jetzt schon sehr umfangreichen Prognoseberichte weiter aufblähen. Sinnvoll wäre es, den Unternehmen vorzuschreiben, nur das Szenario anzugeben, welches vom Management als das Wahrscheinlichste angesehen wird.

Der Entwurf reduziert den Prognosezeitraum auf ein Jahr. Aus Sicht der Adressaten des Lageberichts ist der Ein-Jahres-Zeitraum zu kritisieren, da bei Veröffentlichung des Konzernlageberichts bereits mehrere Monate des neuen Geschäftsjahres verstrichen sind und somit die veröffentlichten Informationen aufgrund ihrer Kurzfristigkeit lediglich einen geringen Entscheidungsnutzen aufweisen. Im Sinne eines hohen Entscheidungsnutzens sollte am zweijährigen Prognosezeitraum festgehalten werden. Im ersten Jahr müssen quantitative Angaben zumindest für zentrale Größen wie Umsatz, Ergebnis, Liquidität und Investitionen angegeben werden. Für das folgende Geschäftsjahr kann der gestiegenen Unsicherheit insoweit Rechnung getragen werden, als komparative Prognosen oder auch eine (begrenzte Anzahl) von Zukunftsszenarien hinreichend sind. (1)

Trends

Im Hinblick auf den Informationsnutzen des Prognoseberichts sind die neuen Regelungen zu begrüßen. Insbesondere das explizite Verbot rein qualitativer oder komparativer Prognosen wird sich mit großer Wahrscheinlichkeit positiv auf die Qualität der

Prognoseberichterstattung auswirken. Prognosen ohne Inhalt und ohne jegliche Nachprüfbarkeit sollten damit der Vergangenheit angehören. (1)

Fallbeispiele

Eine empirische Untersuchung der Prognoseberichte aus den Konzernlageberichten der zum 1.4.2011 im DAX, MDAX und SDAX notierten Nicht-Finanzunternehmen für das GJ 2010 identifizierte im Wesentlichen folgende Problemfelder:

Die Prognoseberichte werden zu stark von externen Prognosen dominiert. Diese bieten dem Adressaten jedoch keinen nennenswerten Informationsmehrwert, da diese Informationen oftmals ohnehin allgemein zugänglich sind. Kritisch in Bezug auf unternehmensspezifische Prognosen ist zu sehen, dass den Adressaten oftmals gar keine oder nur unzureichende Angaben zur künftigen Liquiditätsentwicklung oder zu geplanten Investitionen des Unternehmens übermittelt werden. Darüber hinaus weisen viele Prognosen eine mangelhafte Genauigkeit auf. Zudem werden die unternehmensspezifischen Prognosen noch viel zu sehr von qualitativen Aussagen dominiert. Allerdings haben allgemein gehaltene Prognosen ohne konkrete Zielbenennung letztlich nur einen geringen Informationswert und sind somit für den Adressaten nur von begrenztem Nutzen.

Ausgeschlossen von der Untersuchung wurden Unternehmen, die aufgrund ihres ausländischen Firmensitzes nicht verpflichtet sind, einen Konzernlagebericht nach handelsrechtlichen Vorschriften zu erstellen beziehungsweise Unternehmen, für die zum Zeitpunkt der Erhebung kein Geschäftsbericht für das Jahr 2010 vorlag. (1)

Weiterführende Literatur

(1) Prognoseberichterstattung im Umbruch - kritische Würdigung des E-DRS 27 vor dem Hintergrund aktueller empirischer Erkenntnisse
aus Betriebs Berater Heft 7/2012 Seite 435

(2) DRS-Entwurf zur Konzernlageberichterstattung verabschiedet
aus Kapitalmarktorientierte Rechnungslegung, Heft 1 vom 2.1.2012, Seite 50

(3) Erfahrungen zeigen, dass die Nutzungsintensität des (Konzern-)Lageberichts &
aus Betriebs Berater Heft 7/2012 Seite I

(4) Aktuelle Entwicklungen in Rechnungslegung, Abschlussprüfung, Corporate Governance und Compliance Nachlese der 9. Hamburger Auditing Conference vom 28./29.09.2011
aus Kapitalmarktorientierte Rechnungslegung, Heft 1 vom 2.1.2012, Seite 32 - 35

Impressum

Konzernlagebericht - Konkretisierungen und Ergänzungen durch neuen Standardentwurf

Bibliografische Information der deutschen Nationalbibliothek

Die Deutsche Nationalbibliothek verzeichnet diese Publikation in der deutschen Nationalbibliografie; detaillierte bibliografische Daten sind im Internet über http://dnb.d-nb.de abrufbar.

ISBN: 978-3-7379-1411-6

© 2015 GBI-Genios Deutsche Wirtschaftsdatenbank GmbH, Freischützstraße 96, 81927 München, www.genios.de

Alle Rechte vorbehalten. Dieses Werk ist einschließlich aller seiner Teile – z.B. Texte, Tabellen und Grafiken - urheberrechtlich geschützt. Jede Verwertung außerhalb der Grenzen des Urheberrechtsgesetzes bedarf der vorherigen Zustimmung des Verlags. Dies gilt insbesondere auch für auszugsweise Nachdrucke, fotomechanische Vervielfältigungen (Fotokopie/Mikroskopie), Übersetzungen, Auswertungen durch Datenbanken oder ähnliche Einrichtungen und die Einspeicherung und Verarbeitung in elektronischen Systemen.